Foto: Christian Trebing

Möge durch die Geburt eines
Kindes dein Herz aufgehen,
weil Gott die Lust am Menschen
noch nicht verloren hat.

Der Herr möge
deinen Mund segnen,
dass nichts von ihm ausgehe,
was verletzt und zerstört.

Gott sei mir immer
im Munde bei dem,
was ich sage.
Gott sei mir im Herzen,
wonach immer es frage!

Foto: Christian Trebing

Möge der Atem
der Schöpfung deine Seele berühren
und sie zu neuem Leben wecken.

Möge das Kommende
dich gelassen antreffen,
weil du weißt,
der Himmel hält alles
für dich bereit.

Mögen gute Worte für dich
süß wie Honig und erfrischend
wie ein Trank Wasser sein.

Foto: Christian Trebing

Meine Augen segne mir, Gott,
dass sie loben, was immer sie sehen:
meinen Nachbarn, ich will ihn segnen,
und mein Nachbar segne mich.

Mögest du allen zum
Segen werden,
die dir heute über
den Weg laufen.

Möge das Dach
über deinem Kopf
nie zusammenbrechen,
und mögen die,
die unter ihm wohnen,
sich nie entzweien.

Foto: Christian Trebing

Mögest du glücklich werden
durch die Bescheidenheit
deines Herzens und durch
die Einfachheit
deiner Gedanken.

Gott segne mir die Erde,
auf der ich jetzt stehe.
Gott segne mir den Weg,
auf dem ich jetzt gehe.
Gott segne mir das Ziel,
für das ich jetzt lebe.

Möge das Feuer,
das über die Jünger
vom Himmel kam,
auch deinen Geist beleben.

Foto: Christian Trebing

Foto: Christian Trebing

Friede möge zwischen
Mensch und Mensch sein,
Friede zwischen Frau und Mann,
Friede zwischen Mutter und Kindern,
der Friede Christi,
größer als all unser Friede.

Möge Gott dir immer geben,
was du brauchst:
Arbeit für deine fleißigen Hände,
Nahrung für deinen hungrigen Leib,
Antworten für deinen fragenden Geist,
Freude und Liebe für dein warmes Herz
und Frieden für deine suchende Seele.

Möge Gott es geben,
dass wir ein langes Leben
vor uns haben.

Möge Gott über uns
die Fülle ausschütten,
wo wir im Mangel sind:
an Liebe zu Gott,
an Zuneigung von Gott,
an Gottes Lächeln,
Gottes Weisheit, Gottes Güte,
Gottesfurcht und Gottes Willen.

So wie ich meinen Leib
in dies Wollkleid hülle,
so hülle der Herr mit dem
Schatten seiner Flügel
auch meine Seele ein.

Mögen dir eine gute Gesundheit
und ein langes Leben beschert sein.

Foto: Christian Trebing

Der gesegnete Regen,
der köstliche, sanfte Regen
ströme auf dich herab.

Die kleinen Blumen
mögen zu blühen beginnen
und ihren verzauberten Duft
ausbreiten,
wo immer du gehst.

Möge jede Gabe,
die dir Gott geschenkt hat,
in dir wachsen mit den Jahren
und dazu dienen,
die Herzen derer,
die du liebst,
mit Freude zu erfüllen.

Möge der Engel am Tage mit dir sein,
am Abend vor deiner Tür stehen
und in der Nacht dich behüten.
Möge er in der Frühe des Morgens
beim Aufgang der Sonne rufen:
Steh auf!

Foto: pixelio/C.Falk

Foto: Christian Trebing